THIS JOURNAL BELONGS TO

_____

Date: _____ / _____ / _____

Today, my favorite things are...

1 _____

2 _____

3 _____

TODAY
I FEEL

FILL THE GRATITUDE JAR
WRITE ABOUT OR DRAW
THINGS YOU ARE GRATEFUL FOR

#1 GOAL FOR
TOMORROW ••▶

Date: _____ / _____ / _____

Today, my favorite things are...

1 _____

2 _____

3 _____

TODAY
I FEEL

FILL THE GRATITUDE JAR
WRITE ABOUT OR DRAW
THINGS YOU ARE GRATEFUL FOR

#1 GOAL FOR
TOMORROW ••➤

Date: _____ / _____ / _____

Today, my favorite things are...

1 _____

2 _____

3 _____

TODAY
I FEEL

FILL THE GRATITUDE JAR
WRITE ABOUT OR DRAW
THINGS YOU ARE GRATEFUL FOR

#1 GOAL FOR TOMORROW ••>

Date: _____ / _____ / _____

Today, my favorite things are...

1 _____

2 _____

3 _____

TODAY
I FEEL

FILL THE GRATITUDE JAR
WRITE ABOUT OR DRAW
THINGS YOU ARE GRATEFUL FOR

#1 GOAL FOR
TOMORROW

Date: _____ / _____ / _____

Today, my favorite things are...

1 _____

2 _____

3 _____

TODAY
I FEEL

FILL THE GRATITUDE JAR
WRITE ABOUT OR DRAW
THINGS YOU ARE GRATEFUL FOR

#1 GOAL FOR
TOMORROW

Date: _____ / _____ / _____

Today, my favorite things are...

1 _____

2 _____

3 _____

TODAY
I FEEL

FILL THE GRATITUDE JAR
WRITE ABOUT OR DRAW
THINGS YOU ARE GRATEFUL FOR

#1 GOAL FOR
TOMORROW ••>

Date: ____ / ____ / ____

Today, my favorite things are...

1 _____

2 _____

3 _____

TODAY
I FEEL

FILL THE GRATITUDE JAR
WRITE ABOUT OR DRAW
THINGS YOU ARE GRATEFUL FOR

#1 GOAL FOR
TOMORROW ••>

Date: _____ / _____ / _____

Today, my favorite things are...

1 _____

2 _____

3 _____

TODAY
I FEEL

FILL THE GRATITUDE JAR
WRITE ABOUT OR DRAW
THINGS YOU ARE GRATEFUL FOR

#1 GOAL FOR
TOMORROW ••➤

Date: _____ / _____ / _____

Today, my favorite things are...

1 _____

2 _____

3 _____

TODAY
I FEEL

FILL THE GRATITUDE JAR
WRITE ABOUT OR DRAW
THINGS YOU ARE GRATEFUL FOR

#1 GOAL FOR
TOMORROW ••▶

Date: _____ / _____ / _____

Today, my favorite things are...

1 _____

2 _____

3 _____

TODAY
I FEEL

FILL THE GRATITUDE JAR
WRITE ABOUT OR DRAW
THINGS YOU ARE GRATEFUL FOR

#1 GOAL FOR
TOMORROW ••▶

Date: _____ / _____ / _____

Today, my favorite things are...

1 _____

2 _____

3 _____

TODAY
I FEEL

FILL THE GRATITUDE JAR
WRITE ABOUT OR DRAW
THINGS YOU ARE GRATEFUL FOR

**#1 GOAL FOR
TOMORROW ••>**

Date: ____ / ____ / ____

Today, my favorite things are...

1 _____

2 _____

3 _____

TODAY
I FEEL

FILL THE GRATITUDE JAR
WRITE ABOUT OR DRAW
THINGS YOU ARE GRATEFUL FOR

#1 GOAL FOR
TOMORROW ••>

Date: _____ / _____ / _____

Today, my favorite things are...

1 _____

2 _____

3 _____

TODAY
I FEEL

FILL THE GRATITUDE JAR
WRITE ABOUT OR DRAW
THINGS YOU ARE GRATEFUL FOR

#1 GOAL FOR
TOMORROW ••➤

Date: _____ / _____ / _____

Today, my favorite things are...

1 _____

2 _____

3 _____

TODAY I FEEL

FILL THE GRATITUDE JAR
WRITE ABOUT OR DRAW
THINGS YOU ARE GRATEFUL FOR

#1 GOAL FOR TOMORROW ••>

Date: ____ / ____ / ____

Today, my favorite things are...

1 _____

2 _____

3 _____

TODAY
I FEEL

FILL THE GRATITUDE JAR
WRITE ABOUT OR DRAW
THINGS YOU ARE GRATEFUL FOR

#1 GOAL FOR
TOMORROW ••>

Date: _____ / _____ / _____

Today, my favorite things are...

1 _____

2 _____

3 _____

TODAY
I FEEL

FILL THE GRATITUDE JAR
WRITE ABOUT OR DRAW
THINGS YOU ARE GRATEFUL FOR

#1 GOAL FOR
TOMORROW •• >

Date: _____ / _____ / _____

Today, my favorite things are...

1 _____

2 _____

3 _____

TODAY
I FEEL

FILL THE GRATITUDE JAR
WRITE ABOUT OR DRAW
THINGS YOU ARE GRATEFUL FOR

#1 GOAL FOR
TOMORROW •••›

Date: _____ / _____ / _____

Today, my favorite things are...

1 _____

2 _____

3 _____

TODAY
I FEEL

FILL THE GRATITUDE JAR
WRITE ABOUT OR DRAW
THINGS YOU ARE GRATEFUL FOR

#1 GOAL FOR
TOMORROW ••>

Date: _____ / _____ / _____

Today, my favorite things are...

1 _____

2 _____

3 _____

TODAY I FEEL

FILL THE GRATITUDE JAR
WRITE ABOUT OR DRAW THINGS YOU ARE GRATEFUL FOR

#1 GOAL FOR TOMORROW ••>

Date: _____ / _____ / _____

Today, my favorite things are...

1 _____

2 _____

3 _____

TODAY
I FEEL

FILL THE GRATITUDE JAR
WRITE ABOUT OR DRAW THINGS YOU ARE GRATEFUL FOR

#1 GOAL FOR TOMORROW ••>

Date: _____ / _____ / _____

Today, my favorite things are...

1 _____

2 _____

3 _____

TODAY
I FEEL

FILL THE GRATITUDE JAR
WRITE ABOUT OR DRAW
THINGS YOU ARE GRATEFUL FOR

#1 GOAL FOR
TOMORROW ••▶

Date: _____ / _____ / _____

Today, my favorite things are...

1 _____

2 _____

3 _____

**TODAY
I FEEL**

FILL THE GRATITUDE JAR

WRITE ABOUT OR DRAW
THINGS YOU ARE GRATEFUL FOR

#1 GOAL FOR
TOMORROW ••➤

Date: _____ / _____ / _____

Today, my favorite things are...

1 _____

2 _____

3 _____

TODAY
I FEEL

FILL THE GRATITUDE JAR
WRITE ABOUT OR DRAW
THINGS YOU ARE GRATEFUL FOR

#1 GOAL FOR
TOMORROW ••>

Date: _____ / _____ / _____

Today, my favorite things are...

1 _____

2 _____

3 _____

TODAY
I FEEL

FILL THE GRATITUDE JAR
WRITE ABOUT OR DRAW
THINGS YOU ARE GRATEFUL FOR

#1 GOAL FOR
TOMORROW ••>

Date: _____ / _____ / _____

Today, my favorite things are...

1 _____

2 _____

3 _____

TODAY
I FEEL

FILL THE GRATITUDE JAR
WRITE ABOUT OR DRAW
THINGS YOU ARE GRATEFUL FOR

#1 GOAL FOR
TOMORROW ••>

Date: _____ / _____ / _____

Today, my favorite things are...

1 _____

2 _____

3 _____

TODAY I FEEL

FILL THE GRATITUDE JAR
WRITE ABOUT OR DRAW
THINGS YOU ARE GRATEFUL FOR

#1 GOAL FOR TOMORROW ••➤

Date: _____ / _____ / _____

Today, my favorite things are...

1 _____

2 _____

3 _____

TODAY
I FEEL

FILL THE GRATITUDE JAR
WRITE ABOUT OR DRAW
THINGS YOU ARE GRATEFUL FOR

#1 GOAL FOR
TOMORROW ••>

Date: _____ / _____ / _____

Today, my favorite things are...

1 _____

2 _____

3 _____

TODAY
I FEEL

FILL THE GRATITUDE JAR
WRITE ABOUT OR DRAW
THINGS YOU ARE GRATEFUL FOR

#1 GOAL FOR
TOMORROW ••▸

Date: _____ / _____ / _____

Today, my favorite things are...

1 _____

2 _____

3 _____

TODAY
I FEEL

FILL THE GRATITUDE JAR
WRITE ABOUT OR DRAW
THINGS YOU ARE GRATEFUL FOR

#1 GOAL FOR
TOMORROW ••>

Date: _____ / _____ / _____

Today, my favorite things are...

1 _____

2 _____

3 _____

TODAY
I FEEL

FILL THE GRATITUDE JAR
WRITE ABOUT OR DRAW
THINGS YOU ARE GRATEFUL FOR

#1 GOAL FOR
TOMORROW ··>

Date: ____ / ____ / ____

Today, my favorite things are...

1 _____

2 _____

3 _____

TODAY
I FEEL

FILL THE GRATITUDE JAR
WRITE ABOUT OR DRAW
THINGS YOU ARE GRATEFUL FOR

#1 GOAL FOR
TOMORROW ••>

Date: _____ / _____ / _____

Today, my favorite things are...

1 _____

2 _____

3 _____

TODAY
I FEEL

FILL THE GRATITUDE JAR
WRITE ABOUT OR DRAW
THINGS YOU ARE GRATEFUL FOR

#1 GOAL FOR
TOMORROW

Date: _____ / _____ / _____

Today, my favorite things are...

1 _____

2 _____

3 _____

TODAY
I FEEL

FILL THE GRATITUDE JAR
WRITE ABOUT OR DRAW
THINGS YOU ARE GRATEFUL FOR

#1 GOAL FOR
TOMORROW ••➤

Date: _____ / _____ / _____

Today, my favorite things are...

1 _____

2 _____

3 _____

TODAY
I FEEL

FILL THE GRATITUDE JAR
WRITE ABOUT OR DRAW
THINGS YOU ARE GRATEFUL FOR

#1 GOAL FOR TOMORROW ••>

Date: _____ / _____ / _____

Today, my favorite things are...

1 _____

2 _____

3 _____

TODAY
I FEEL

FILL THE GRATITUDE JAR
WRITE ABOUT OR DRAW
THINGS YOU ARE GRATEFUL FOR

#1 GOAL FOR
TOMORROW ··➤

Date: _____ / _____ / _____

Today, my favorite things are...

1 _____

2 _____

3 _____

TODAY
I FEEL

FILL THE GRATITUDE JAR
WRITE ABOUT OR DRAW
THINGS YOU ARE GRATEFUL FOR

#1 GOAL FOR
TOMORROW ••>

Date: _____ / _____ / _____

Today, my favorite things are...

1 _____

2 _____

3 _____

**TODAY
I FEEL**

FILL THE GRATITUDE JAR
WRITE ABOUT OR DRAW
THINGS YOU ARE GRATEFUL FOR

#1 GOAL FOR
TOMORROW ••>

Date: _____ / _____ / _____

Today, my favorite things are...

1 _____

2 _____

3 _____

TODAY
I FEEL

FILL THE GRATITUDE JAR
WRITE ABOUT OR DRAW
THINGS YOU ARE GRATEFUL FOR

#1 GOAL FOR
TOMORROW ••>

Date: _____ / _____ / _____

Today, my favorite things are...

1 _____

2 _____

3 _____

**TODAY
I FEEL**

FILL THE GRATITUDE JAR
WRITE ABOUT OR DRAW
THINGS YOU ARE GRATEFUL FOR

#1 GOAL FOR
TOMORROW ••>

Date: _____ / _____ / _____

Today, my favorite things are...

1 _____

2 _____

3 _____

TODAY
I FEEL

FILL THE GRATITUDE JAR
WRITE ABOUT OR DRAW
THINGS YOU ARE GRATEFUL FOR

#1 GOAL FOR
TOMORROW ••▶

Date: _____ / _____ / _____

Today, my favorite things are...

1 _____

2 _____

3 _____

TODAY
I FEEL

FILL THE GRATITUDE JAR
WRITE ABOUT OR DRAW
THINGS YOU ARE GRATEFUL FOR

#1 GOAL FOR
TOMORROW ••▸

Date: _____ / _____ / _____

Today, my favorite things are...

1 _____

2 _____

3 _____

TODAY
I FEEL

FILL THE GRATITUDE JAR
WRITE ABOUT OR DRAW
THINGS YOU ARE GRATEFUL FOR

#1 GOAL FOR
TOMORROW ••➤

Date: _____ / _____ / _____

Today, my favorite things are...

1 _____

2 _____

3 _____

TODAY
I FEEL

FILL THE GRATITUDE JAR
WRITE ABOUT OR DRAW
THINGS YOU ARE GRATEFUL FOR

#1 GOAL FOR
TOMORROW ••➤

Date: _____ / _____ / _____

Today, my favorite things are...

1 _____

2 _____

3 _____

TODAY
I FEEL

FILL THE GRATITUDE JAR
WRITE ABOUT OR DRAW
THINGS YOU ARE GRATEFUL FOR

#1 GOAL FOR
TOMORROW ••>

Date: _____ / _____ / _____

Today, my favorite things are...

1 _____

2 _____

3 _____

TODAY
I FEEL

FILL THE GRATITUDE JAR
WRITE ABOUT OR DRAW
THINGS YOU ARE GRATEFUL FOR

#1 GOAL FOR
TOMORROW ••>

Date: _____ / _____ / _____

Today, my favorite things are...

1 _____

2 _____

3 _____

TODAY
I FEEL

FILL THE GRATITUDE JAR
WRITE ABOUT OR DRAW
THINGS YOU ARE GRATEFUL FOR

#1 GOAL FOR TOMORROW ••▸

Date: _____ / _____ / _____

Today, my favorite things are...

1 _____

2 _____

3 _____

TODAY
I FEEL

FILL THE GRATITUDE JAR
WRITE ABOUT OR DRAW
THINGS YOU ARE GRATEFUL FOR

#1 GOAL FOR
TOMORROW ••>

Date: _____ / _____ / _____

Today, my favorite things are...

1 _____

2 _____

3 _____

**TODAY
I FEEL**

FILL THE GRATITUDE JAR
WRITE ABOUT OR DRAW
THINGS YOU ARE GRATEFUL FOR

#1 GOAL FOR
TOMORROW ••>

Date: _____ / _____ / _____

Today, my favorite things are...

1 _____

2 _____

3 _____

TODAY
I FEEL

FILL THE GRATITUDE JAR
WRITE ABOUT OR DRAW
THINGS YOU ARE GRATEFUL FOR

#1 GOAL FOR
TOMORROW ••➤

Date: _____ / _____ / _____

Today, my favorite things are...

1 _____

2 _____

3 _____

TODAY
I FEEL

FILL THE GRATITUDE JAR
WRITE ABOUT OR DRAW
THINGS YOU ARE GRATEFUL FOR

#1 GOAL FOR
TOMORROW ••>

Date: _____ / _____ / _____

Today, my favorite things are...

1 _____

2 _____

3 _____

TODAY
I FEEL

FILL THE GRATITUDE JAR
WRITE ABOUT OR DRAW
THINGS YOU ARE GRATEFUL FOR

#1 GOAL FOR
TOMORROW ••>

Date: _____ / _____ / _____

Today, my favorite things are...

1 _____

2 _____

3 _____

TODAY
I FEEL

FILL THE GRATITUDE JAR
WRITE ABOUT OR DRAW
THINGS YOU ARE GRATEFUL FOR

#1 GOAL FOR
TOMORROW

Date: _____ / _____ / _____

Today, my favorite things are...

1 _____

2 _____

3 _____

TODAY
I FEEL

FILL THE GRATITUDE JAR
WRITE ABOUT OR DRAW
THINGS YOU ARE GRATEFUL FOR

#1 GOAL FOR
TOMORROW ••▶

Date: _____ / _____ / _____

Today, my favorite things are...

1 _____

2 _____

3 _____

TODAY I FEEL

FILL THE GRATITUDE JAR

WRITE ABOUT OR DRAW
THINGS YOU ARE GRATEFUL FOR

#1 GOAL FOR
TOMORROW ••➤

Date: _____ / _____ / _____

Today, my favorite things are...

1 _____

2 _____

3 _____

TODAY
I FEEL

FILL THE GRATITUDE JAR
WRITE ABOUT OR DRAW
THINGS YOU ARE GRATEFUL FOR

#1 GOAL FOR
TOMORROW ••➤

Date: _____ / _____ / _____

Today, my favorite things are...

1 _____

2 _____

3 _____

TODAY
I FEEL

FILL THE GRATITUDE JAR
WRITE ABOUT OR DRAW
THINGS YOU ARE GRATEFUL FOR

#1 GOAL FOR
TOMORROW ••➤

Date: _____ / _____ / _____

Today, my favorite things are...

1 _____

2 _____

3 _____

TODAY
I FEEL

FILL THE GRATITUDE JAR
WRITE ABOUT OR DRAW
THINGS YOU ARE GRATEFUL FOR

#1 GOAL FOR
TOMORROW ••>

Date: _____ / _____ / _____

Today, my favorite things are...

1 _____

2 _____

3 _____

TODAY
I FEEL

FILL THE GRATITUDE JAR
WRITE ABOUT OR DRAW
THINGS YOU ARE GRATEFUL FOR

#1 GOAL FOR
TOMORROW ··>

Date: _____ / _____ / _____

Today, my favorite things are...

1 _____

2 _____

3 _____

**TODAY
I FEEL**

FILL THE GRATITUDE JAR
WRITE ABOUT OR DRAW
THINGS YOU ARE GRATEFUL FOR

**#1 GOAL FOR
TOMORROW ••>**

Date: _____ / _____ / _____

Today, my favorite things are...

1 _____

2 _____

3 _____

**TODAY
I FEEL**

FILL THE GRATITUDE JAR
WRITE ABOUT OR DRAW
THINGS YOU ARE GRATEFUL FOR

#1 GOAL FOR
TOMORROW ••▶

Date: _____ / _____ / _____

Today, my favorite things are...

1 _____

2 _____

3 _____

TODAY
I FEEL

FILL THE GRATITUDE JAR
WRITE ABOUT OR DRAW
THINGS YOU ARE GRATEFUL FOR

#1 GOAL FOR
TOMORROW ••>

Date: ____ / ____ / ____

Today, my favorite things are...

1 _____

2 _____

3 _____

TODAY
I FEEL

FILL THE GRATITUDE JAR
WRITE ABOUT OR DRAW
THINGS YOU ARE GRATEFUL FOR

#1 GOAL FOR TOMORROW ••▸

Date: _____ / _____ / _____

Today, my favorite things are...

1 _____

2 _____

3 _____

TODAY
I FEEL

FILL THE GRATITUDE JAR
WRITE ABOUT OR DRAW
THINGS YOU ARE GRATEFUL FOR

#1 GOAL FOR
TOMORROW ••>

Date: _____ / _____ / _____

Today, my favorite things are...

1 _____

2 _____

3 _____

TODAY
I FEEL

FILL THE GRATITUDE JAR
WRITE ABOUT OR DRAW
THINGS YOU ARE GRATEFUL FOR

#1 GOAL FOR
TOMORROW ••▸

Date: _____ / _____ / _____

Today, my favorite things are...

1 _____

2 _____

3 _____

TODAY
I FEEL

FILL THE GRATITUDE JAR
WRITE ABOUT OR DRAW
THINGS YOU ARE GRATEFUL FOR

#1 GOAL FOR
TOMORROW ··➤

Date: _____ / _____ / _____

Today, my favorite things are...

1 _____

2 _____

3 _____

TODAY
I FEEL

FILL THE GRATITUDE JAR
WRITE ABOUT OR DRAW
THINGS YOU ARE GRATEFUL FOR

#1 GOAL FOR
TOMORROW ••➤

Date: _____ / _____ / _____

Today, my favorite things are...

1 _____

2 _____

3 _____

TODAY
I FEEL

FILL THE GRATITUDE JAR
WRITE ABOUT OR DRAW
THINGS YOU ARE GRATEFUL FOR

#1 GOAL FOR
TOMORROW ••➤

Date: _____ / _____ / _____

Today, my favorite things are...

1 _____

2 _____

3 _____

TODAY
I FEEL

FILL THE GRATITUDE JAR
WRITE ABOUT OR DRAW
THINGS YOU ARE GRATEFUL FOR

#1 GOAL FOR
TOMORROW ••➤

Date: _____ / _____ / _____

Today, my favorite things are...

1 _____

2 _____

3 _____

TODAY
I FEEL

FILL THE GRATITUDE JAR
WRITE ABOUT OR DRAW
THINGS YOU ARE GRATEFUL FOR

#1 GOAL FOR
TOMORROW ••>

Date: _____ / _____ / _____

Today, my favorite things are...

1 _____

2 _____

3 _____

TODAY I FEEL

FILL THE GRATITUDE JAR
WRITE ABOUT OR DRAW
THINGS YOU ARE GRATEFUL FOR

#1 GOAL FOR TOMORROW ··›

Date: ____ / ____ / ____

Today, my favorite things are...

1 _____

2 _____

3 _____

TODAY
I FEEL

FILL THE GRATITUDE JAR
WRITE ABOUT OR DRAW
THINGS YOU ARE GRATEFUL FOR

#1 GOAL FOR
TOMORROW ••>

Date: ____ / ____ / ____

Today, my favorite things are...

1 _____

2 _____

3 _____

TODAY
I FEEL

FILL THE GRATITUDE JAR
WRITE ABOUT OR DRAW
THINGS YOU ARE GRATEFUL FOR

#1 GOAL FOR TOMORROW ••➤

Date: _____ / _____ / _____

Today, my favorite things are...

1 _____

2 _____

3 _____

TODAY I FEEL

FILL THE GRATITUDE JAR
WRITE ABOUT OR DRAW
THINGS YOU ARE GRATEFUL FOR

#1 GOAL FOR TOMORROW ••>

Date: _____ / _____ / _____

Today, my favorite things are...

1 _____

2 _____

3 _____

TODAY
I FEEL

FILL THE GRATITUDE JAR
WRITE ABOUT OR DRAW
THINGS YOU ARE GRATEFUL FOR

#1 GOAL FOR
TOMORROW ••>

Date: _____ / _____ / _____

Today, my favorite things are...

1 _____

2 _____

3 _____

TODAY I FEEL

FILL THE GRATITUDE JAR
WRITE ABOUT OR DRAW
THINGS YOU ARE GRATEFUL FOR

#1 GOAL FOR TOMORROW ••➤

Date: _____ / _____ / _____

Today, my favorite things are...

1 _____

2 _____

3 _____

TODAY
I FEEL

FILL THE GRATITUDE JAR
WRITE ABOUT OR DRAW
THINGS YOU ARE GRATEFUL FOR

#1 GOAL FOR
TOMORROW ••>

Date: _____ / _____ / _____

Today, my favorite things are...

1 _____

2 _____

3 _____

TODAY
I FEEL

FILL THE GRATITUDE JAR
WRITE ABOUT OR DRAW
THINGS YOU ARE GRATEFUL FOR

#1 GOAL FOR
TOMORROW ··➤

Date: _____ / _____ / _____

Today, my favorite things are...

1 _____

2 _____

3 _____

TODAY
I FEEL

FILL THE GRATITUDE JAR
WRITE ABOUT OR DRAW
THINGS YOU ARE GRATEFUL FOR

#1 GOAL FOR
TOMORROW ••➤

Date: _____ / _____ / _____

Today, my favorite things are...

1 _____

2 _____

3 _____

TODAY
I FEEL

FILL THE GRATITUDE JAR
WRITE ABOUT OR DRAW
THINGS YOU ARE GRATEFUL FOR

#1 GOAL FOR
TOMORROW ••>

Date: _____ / _____ / _____

Today, my favorite things are...

1 _____

2 _____

3 _____

TODAY
I FEEL

FILL THE GRATITUDE JAR
WRITE ABOUT OR DRAW
THINGS YOU ARE GRATEFUL FOR

#1 GOAL FOR
TOMORROW ••➤

Date: _____ / _____ / _____

Today, my favorite things are...

1 _____

2 _____

3 _____

TODAY
I FEEL

FILL THE GRATITUDE JAR
WRITE ABOUT OR DRAW
THINGS YOU ARE GRATEFUL FOR

#1 GOAL FOR
TOMORROW ••>

Date: _____ / _____ / _____

Today, my favorite things are...

1 _____

2 _____

3 _____

TODAY
I FEEL

FILL THE GRATITUDE JAR
WRITE ABOUT OR DRAW
THINGS YOU ARE GRATEFUL FOR

#1 GOAL FOR
TOMORROW ••➤

Date: _____ / _____ / _____

Today, my favorite things are...

1 _____

2 _____

3 _____

TODAY
I FEEL

FILL THE GRATITUDE JAR
WRITE ABOUT OR DRAW
THINGS YOU ARE GRATEFUL FOR

#1 GOAL FOR
TOMORROW ••➤

Date: _____ / _____ / _____

Today, my favorite things are...

1 _____

2 _____

3 _____

TODAY
I FEEL

FILL THE GRATITUDE JAR
WRITE ABOUT OR DRAW
THINGS YOU ARE GRATEFUL FOR

#1 GOAL FOR
TOMORROW ••➤

Date: _____ / _____ / _____

Today, my favorite things are...

1 _____

2 _____

3 _____

TODAY
I FEEL

FILL THE GRATITUDE JAR
WRITE ABOUT OR DRAW
THINGS YOU ARE GRATEFUL FOR

#1 GOAL FOR
TOMORROW ••>

Date: _____ / _____ / _____

Today, my favorite things are...

1 _____

2 _____

3 _____

TODAY
I FEEL

FILL THE GRATITUDE JAR
WRITE ABOUT OR DRAW
THINGS YOU ARE GRATEFUL FOR

#1 GOAL FOR
TOMORROW ••▶

Date: _____ / _____ / _____

Today, my favorite things are...

1 _____

2 _____

3 _____

TODAY
I FEEL

FILL THE GRATITUDE JAR
WRITE ABOUT OR DRAW
THINGS YOU ARE GRATEFUL FOR

#1 GOAL FOR
TOMORROW ••>

Date: _____ / _____ / _____

Today, my favorite things are...

1 _____

2 _____

3 _____

TODAY I FEEL

FILL THE GRATITUDE JAR
WRITE ABOUT OR DRAW
THINGS YOU ARE GRATEFUL FOR

#1 GOAL FOR TOMORROW ••▶

Date: _____ / _____ / _____

Today, my favorite things are...

1 _____

2 _____

3 _____

TODAY
I FEEL

FILL THE GRATITUDE JAR
WRITE ABOUT OR DRAW
THINGS YOU ARE GRATEFUL FOR

#1 GOAL FOR
TOMORROW ••➤

Date: _____ / _____ / _____

Today, my favorite things are...

1 _____

2 _____

3 _____

TODAY
I FEEL

FILL THE GRATITUDE JAR
WRITE ABOUT OR DRAW
THINGS YOU ARE GRATEFUL FOR

#1 GOAL FOR
TOMORROW ••>

Date: _____ / _____ / _____

Today, my favorite things are...

1 _____

2 _____

3 _____

TODAY
I FEEL

FILL THE GRATITUDE JAR
WRITE ABOUT OR DRAW
THINGS YOU ARE GRATEFUL FOR

#1 GOAL FOR
TOMORROW ••▶

Date: _____ / _____ / _____

Today, my favorite things are...

1 _____

2 _____

3 _____

TODAY
I FEEL

FILL THE GRATITUDE JAR
WRITE ABOUT OR DRAW
THINGS YOU ARE GRATEFUL FOR

#1 GOAL FOR
TOMORROW ••>

Date: _____ / _____ / _____

Today, my favorite things are...

1 _____

2 _____

3 _____

TODAY
I FEEL

FILL THE GRATITUDE JAR
WRITE ABOUT OR DRAW
THINGS YOU ARE GRATEFUL FOR

#1 GOAL FOR
TOMORROW ••>

Date: _____ / _____ / _____

Today, my favorite things are...

1 _____

2 _____

3 _____

TODAY
I FEEL

FILL THE GRATITUDE JAR
WRITE ABOUT OR DRAW
THINGS YOU ARE GRATEFUL FOR

#1 GOAL FOR
TOMORROW ••▸

Date: ____ / ____ / ____

Today, my favorite things are...

1 _____

2 _____

3 _____

TODAY
I FEEL

FILL THE GRATITUDE JAR
WRITE ABOUT OR DRAW
THINGS YOU ARE GRATEFUL FOR

#1 GOAL FOR
TOMORROW ••➤

Date: _____ / _____ / _____

Today, my favorite things are...

1 _____

2 _____

3 _____

TODAY
I FEEL

FILL THE GRATITUDE JAR
WRITE ABOUT OR DRAW
THINGS YOU ARE GRATEFUL FOR

#1 GOAL FOR
TOMORROW ••>

Date: _____ / _____ / _____

Today, my favorite things are...

1 _____

2 _____

3 _____

TODAY
I FEEL

FILL THE GRATITUDE JAR
WRITE ABOUT OR DRAW
THINGS YOU ARE GRATEFUL FOR

#1 GOAL FOR
TOMORROW ••>

Date: _____ / _____ / _____

Today, my favorite things are...

1 _____

2 _____

3 _____

TODAY
I FEEL

FILL THE GRATITUDE JAR
WRITE ABOUT OR DRAW
THINGS YOU ARE GRATEFUL FOR

#1 GOAL FOR
TOMORROW ••▶

Date: ____ / ____ / ____

Today, my favorite things are...

1 _____

2 _____

3 _____

TODAY
I FEEL

FILL THE GRATITUDE JAR
WRITE ABOUT OR DRAW
THINGS YOU ARE GRATEFUL FOR

#1 GOAL FOR
TOMORROW ••▶

Date: _____ / _____ / _____

Today, my favorite things are...

1 _____

2 _____

3 _____

TODAY
I FEEL

FILL THE GRATITUDE JAR
WRITE ABOUT OR DRAW
THINGS YOU ARE GRATEFUL FOR

#1 GOAL FOR
TOMORROW ••▶

Date: _____ / _____ / _____

Today, my favorite things are...

1 _____

2 _____

3 _____

TODAY
I FEEL

FILL THE GRATITUDE JAR
WRITE ABOUT OR DRAW
THINGS YOU ARE GRATEFUL FOR

#1 GOAL FOR
TOMORROW ···>

Date: _____ / _____ / _____

Today, my favorite things are...

1 _____

2 _____

3 _____

TODAY
I FEEL

FILL THE GRATITUDE JAR
WRITE ABOUT OR DRAW
THINGS YOU ARE GRATEFUL FOR

#1 GOAL FOR
TOMORROW ••>

Date: _____ / _____ / _____

Today, my favorite things are...

1 _____

2 _____

3 _____

TODAY
I FEEL

FILL THE GRATITUDE JAR
WRITE ABOUT OR DRAW
THINGS YOU ARE GRATEFUL FOR

#1 GOAL FOR
TOMORROW ••>

Date: _____ / _____ / _____

Today, my favorite things are...

1 _____

2 _____

3 _____

TODAY
I FEEL

FILL THE GRATITUDE JAR
WRITE ABOUT OR DRAW
THINGS YOU ARE GRATEFUL FOR

#1 GOAL FOR
TOMORROW ••>

Date: _____ / _____ / _____

Today, my favorite things are...

1 _____

2 _____

3 _____

TODAY
I FEEL

FILL THE GRATITUDE JAR
WRITE ABOUT OR DRAW
THINGS YOU ARE GRATEFUL FOR

#1 GOAL FOR
TOMORROW ••➤

Date: _____ / _____ / _____

Today, my favorite things are...

1 _____

2 _____

3 _____

TODAY
I FEEL

FILL THE GRATITUDE JAR
WRITE ABOUT OR DRAW
THINGS YOU ARE GRATEFUL FOR

#1 GOAL FOR TOMORROW ••>

Date: _____ / _____ / _____

Today, my favorite things are...

1 _____

2 _____

3 _____

**TODAY
I FEEL**

FILL THE GRATITUDE JAR
WRITE ABOUT OR DRAW
THINGS YOU ARE GRATEFUL FOR

#1 GOAL FOR
TOMORROW ••>

Date: _____ / _____ / _____

Today, my favorite things are...

1 _____

2 _____

3 _____

TODAY I FEEL

FILL THE GRATITUDE JAR
WRITE ABOUT OR DRAW
THINGS YOU ARE GRATEFUL FOR

#1 GOAL FOR TOMORROW ••>

Date: _____ / _____ / _____

Today, my favorite things are...

1 _____

2 _____

3 _____

TODAY
I FEEL

FILL THE GRATITUDE JAR
WRITE ABOUT OR DRAW
THINGS YOU ARE GRATEFUL FOR

#1 GOAL FOR
TOMORROW ••>

Date: _____ / _____ / _____

Today, my favorite things are...

1 _____

2 _____

3 _____

TODAY
I FEEL

FILL THE GRATITUDE JAR
WRITE ABOUT OR DRAW
THINGS YOU ARE GRATEFUL FOR

#1 GOAL FOR
TOMORROW

Date: _____ / _____ / _____

Today, my favorite things are...

1 _____

2 _____

3 _____

TODAY
I FEEL

FILL THE GRATITUDE JAR
WRITE ABOUT OR DRAW
THINGS YOU ARE GRATEFUL FOR

#1 GOAL FOR
TOMORROW ••>

Date: _____ / _____ / _____

Today, my favorite things are...

1 _____

2 _____

3 _____

TODAY
I FEEL

FILL THE GRATITUDE JAR
WRITE ABOUT OR DRAW
THINGS YOU ARE GRATEFUL FOR

#1 GOAL FOR
TOMORROW ••→

Date: ____ / ____ / ____

Today, my favorite things are...

1 _____

2 _____

3 _____

TODAY I FEEL

FILL THE GRATITUDE JAR
WRITE ABOUT OR DRAW THINGS YOU ARE GRATEFUL FOR

#1 GOAL FOR TOMORROW ··▶

Date: _____ / _____ / _____

Today, my favorite things are...

1 _____

2 _____

3 _____

TODAY
I FEEL

FILL THE GRATITUDE JAR
WRITE ABOUT OR DRAW
THINGS YOU ARE GRATEFUL FOR

#1 GOAL FOR
TOMORROW ••>

Date: _____ / _____ / _____

Today, my favorite things are...

1 _____

2 _____

3 _____

TODAY
I FEEL

FILL THE GRATITUDE JAR
WRITE ABOUT OR DRAW
THINGS YOU ARE GRATEFUL FOR

#1 GOAL FOR
TOMORROW ••>

Date: _____ / _____ / _____

Today, my favorite things are...

1 _____

2 _____

3 _____

TODAY I FEEL

FILL THE GRATITUDE JAR
WRITE ABOUT OR DRAW THINGS YOU ARE GRATEFUL FOR

#1 GOAL FOR TOMORROW ••>

Date: _____ / _____ / _____

Today, my favorite things are...

1 _____

2 _____

3 _____

TODAY
I FEEL

FILL THE GRATITUDE JAR
WRITE ABOUT OR DRAW
THINGS YOU ARE GRATEFUL FOR

#1 GOAL FOR
TOMORROW ••▶

Date: _____ / _____ / _____

Today, my favorite things are...

1 _____

2 _____

3 _____

TODAY I FEEL

FILL THE GRATITUDE JAR
WRITE ABOUT OR DRAW
THINGS YOU ARE GRATEFUL FOR

#1 GOAL FOR TOMORROW ⬥⬥➤

Date: _____ / _____ / _____

Today, my favorite things are...

1 _____

2 _____

3 _____

TODAY
I FEEL

FILL THE GRATITUDE JAR
WRITE ABOUT OR DRAW
THINGS YOU ARE GRATEFUL FOR

#1 GOAL FOR
TOMORROW ••>

Date: _____ / _____ / _____

Today, my favorite things are...

1 _____

2 _____

3 _____

TODAY I FEEL

FILL THE GRATITUDE JAR
WRITE ABOUT OR DRAW
THINGS YOU ARE GRATEFUL FOR

#1 GOAL FOR TOMORROW ••>

Date: ____ / ____ / ____

Today, my favorite things are...

1 _____

2 _____

3 _____

TODAY
I FEEL

FILL THE GRATITUDE JAR
WRITE ABOUT OR DRAW
THINGS YOU ARE GRATEFUL FOR

#1 GOAL FOR
TOMORROW ••>

Date: _____ / _____ / _____

Today, my favorite things are...

1 _____

2 _____

3 _____

TODAY
I FEEL

FILL THE GRATITUDE JAR
WRITE ABOUT OR DRAW
THINGS YOU ARE GRATEFUL FOR

#1 GOAL FOR
TOMORROW ••>

Date: _____ / _____ / _____

Today, my favorite things are...

1 _____

2 _____

3 _____

TODAY
I FEEL

FILL THE GRATITUDE JAR
WRITE ABOUT OR DRAW
THINGS YOU ARE GRATEFUL FOR

#1 GOAL FOR
TOMORROW ••>

Date: _____ / _____ / _____

Today, my favorite things are...

1 _____

2 _____

3 _____

TODAY
I FEEL

FILL THE GRATITUDE JAR
WRITE ABOUT OR DRAW
THINGS YOU ARE GRATEFUL FOR

#1 GOAL FOR
TOMORROW ••>

Date: _____ / _____ / _____

Today, my favorite things are...

1 _____

2 _____

3 _____

**TODAY
I FEEL**

FILL THE GRATITUDE JAR
WRITE ABOUT OR DRAW
THINGS YOU ARE GRATEFUL FOR

#1 GOAL FOR
TOMORROW ••➤

Date: _____ / _____ / _____

Today, my favorite things are...

1 _____

2 _____

3 _____

TODAY I FEEL

FILL THE GRATITUDE JAR
WRITE ABOUT OR DRAW
THINGS YOU ARE GRATEFUL FOR

#1 GOAL FOR TOMORROW ••>

Date: _____ / _____ / _____

Today, my favorite things are...

1 _____

2 _____

3 _____

**TODAY
I FEEL**

FILL THE GRATITUDE JAR
WRITE ABOUT OR DRAW
THINGS YOU ARE GRATEFUL FOR

**#1 GOAL FOR
TOMORROW ••>**

Date: _____ / _____ / _____

Today, my favorite things are...

1 _____

2 _____

3 _____

TODAY
I FEEL

FILL THE GRATITUDE JAR
WRITE ABOUT OR DRAW
THINGS YOU ARE GRATEFUL FOR

#1 GOAL FOR
TOMORROW ••➤

Date: _____ / _____ / _____

Today, my favorite things are...

1 _____

2 _____

3 _____

TODAY
I FEEL

FILL THE GRATITUDE JAR
WRITE ABOUT OR DRAW
THINGS YOU ARE GRATEFUL FOR

#1 GOAL FOR
TOMORROW ••➤

Date: _____ / _____ / _____

Today, my favorite things are...

1 _____

2 _____

3 _____

TODAY
I FEEL

FILL THE GRATITUDE JAR
WRITE ABOUT OR DRAW
THINGS YOU ARE GRATEFUL FOR

#1 GOAL FOR
TOMORROW ••▶

Date: _____ / _____ / _____

Today, my favorite things are...

1 _____

2 _____

3 _____

TODAY
I FEEL

FILL THE GRATITUDE JAR
WRITE ABOUT OR DRAW
THINGS YOU ARE GRATEFUL FOR

#1 GOAL FOR
TOMORROW ••▶

Date: _____ / _____ / _____

Today, my favorite things are...

1 _____

2 _____

3 _____

TODAY
I FEEL

FILL THE GRATITUDE JAR
WRITE ABOUT OR DRAW
THINGS YOU ARE GRATEFUL FOR

#1 GOAL FOR
TOMORROW ••>

Date: _____ / _____ / _____

Today, my favorite things are...

1 _____

2 _____

3 _____

TODAY I FEEL

FILL THE GRATITUDE JAR
WRITE ABOUT OR DRAW THINGS YOU ARE GRATEFUL FOR

#1 GOAL FOR TOMORROW ••>

Date: _____ / _____ / _____

Today, my favorite things are...

1 _____

2 _____

3 _____

TODAY
I FEEL

FILL THE GRATITUDE JAR
WRITE ABOUT OR DRAW
THINGS YOU ARE GRATEFUL FOR

#1 GOAL FOR
TOMORROW ••➤

Date: _____ / _____ / _____

Today, my favorite things are...

1 _____

2 _____

3 _____

TODAY
I FEEL

FILL THE GRATITUDE JAR
WRITE ABOUT OR DRAW
THINGS YOU ARE GRATEFUL FOR

#1 GOAL FOR
TOMORROW ••>

Date: _____ / _____ / _____

Today, my favorite things are...

1 _____

2 _____

3 _____

TODAY
I FEEL

FILL THE GRATITUDE JAR
WRITE ABOUT OR DRAW
THINGS YOU ARE GRATEFUL FOR

#1 GOAL FOR
TOMORROW ••>

Date: _____ / _____ / _____

Today, my favorite things are...

1 _____

2 _____

3 _____

TODAY
I FEEL

FILL THE GRATITUDE JAR
WRITE ABOUT OR DRAW
THINGS YOU ARE GRATEFUL FOR

#1 GOAL FOR
TOMORROW ••>

Date: ____ / ____ / ____

Today, my favorite things are...

1 _____

2 _____

3 _____

TODAY I FEEL

FILL THE GRATITUDE JAR
WRITE ABOUT OR DRAW THINGS YOU ARE GRATEFUL FOR

#1 GOAL FOR TOMORROW ••>

Date: _____ / _____ / _____

Today, my favorite things are...

1 _____

2 _____

3 _____

**TODAY
I FEEL**

FILL THE GRATITUDE JAR
WRITE ABOUT OR DRAW
THINGS YOU ARE GRATEFUL FOR

#1 GOAL FOR
TOMORROW ••>

Date: _____ / _____ / _____

Today, my favorite things are...

1 _____

2 _____

3 _____

TODAY
I FEEL

FILL THE GRATITUDE JAR
WRITE ABOUT OR DRAW
THINGS YOU ARE GRATEFUL FOR

#1 GOAL FOR
TOMORROW ••>

Date: _____ / _____ / _____

Today, my favorite things are...

1 _____

2 _____

3 _____

TODAY
I FEEL

FILL THE GRATITUDE JAR
WRITE ABOUT OR DRAW
THINGS YOU ARE GRATEFUL FOR

#1 GOAL FOR
TOMORROW ••➤

Date: _____ / _____ / _____

Today, my favorite things are...

1 _____

2 _____

3 _____

TODAY
I FEEL

FILL THE GRATITUDE JAR
WRITE ABOUT OR DRAW
THINGS YOU ARE GRATEFUL FOR

#1 GOAL FOR
TOMORROW

Date: _____ / _____ / _____

Today, my favorite things are...

1 _____

2 _____

3 _____

TODAY
I FEEL

FILL THE GRATITUDE JAR
WRITE ABOUT OR DRAW
THINGS YOU ARE GRATEFUL FOR

#1 GOAL FOR TOMORROW ••▶

Date: _____ / _____ / _____

Today, my favorite things are...

1 _____

2 _____

3 _____

TODAY
I FEEL

FILL THE GRATITUDE JAR
WRITE ABOUT OR DRAW
THINGS YOU ARE GRATEFUL FOR

#1 GOAL FOR
TOMORROW ••>

Date: _____ / _____ / _____

Today, my favorite things are...

1 _____

2 _____

3 _____

TODAY
I FEEL

FILL THE GRATITUDE JAR
WRITE ABOUT OR DRAW
THINGS YOU ARE GRATEFUL FOR

#1 GOAL FOR
TOMORROW ••➤

Date: _____ / _____ / _____

Today, my favorite things are...

1 _____

2 _____

3 _____

TODAY
I FEEL

FILL THE GRATITUDE JAR
WRITE ABOUT OR DRAW
THINGS YOU ARE GRATEFUL FOR

#1 GOAL FOR
TOMORROW ••→

Date: _____ / _____ / _____

Today, my favorite things are...

1 _____

2 _____

3 _____

TODAY
I FEEL

FILL THE GRATITUDE JAR
WRITE ABOUT OR DRAW
THINGS YOU ARE GRATEFUL FOR

#1 GOAL FOR
TOMORROW ••>

Date: _____ / _____ / _____

Today, my favorite things are...

1 _____

2 _____

3 _____

TODAY
I FEEL

FILL THE GRATITUDE JAR
WRITE ABOUT OR DRAW
THINGS YOU ARE GRATEFUL FOR

#1 GOAL FOR TOMORROW ••>

Date: _____ / _____ / _____

Today, my favorite things are...

1 _____

2 _____

3 _____

TODAY
I FEEL

FILL THE GRATITUDE JAR
WRITE ABOUT OR DRAW
THINGS YOU ARE GRATEFUL FOR

#1 GOAL FOR
TOMORROW ••➤

Date: _____ / _____ / _____

Today, my favorite things are...

1 _____

2 _____

3 _____

TODAY
I FEEL

FILL THE GRATITUDE JAR
WRITE ABOUT OR DRAW
THINGS YOU ARE GRATEFUL FOR

#1 GOAL FOR
TOMORROW ••>

Date: ____ / ____ / ____

Today, my favorite things are...

1 _____

2 _____

3 _____

TODAY
I FEEL

FILL THE GRATITUDE JAR
WRITE ABOUT OR DRAW
THINGS YOU ARE GRATEFUL FOR

#1 GOAL FOR
TOMORROW ••➤

Date: _____ / _____ / _____

Today, my favorite things are...

1 _____

2 _____

3 _____

TODAY
I FEEL

FILL THE GRATITUDE JAR
WRITE ABOUT OR DRAW
THINGS YOU ARE GRATEFUL FOR

#1 GOAL FOR
TOMORROW ••▸

Date: _____ / _____ / _____

Today, my favorite things are...

1 _____

2 _____

3 _____

TODAY
I FEEL

FILL THE GRATITUDE JAR
WRITE ABOUT OR DRAW
THINGS YOU ARE GRATEFUL FOR

#1 GOAL FOR
TOMORROW ••▶

Date: _____ / _____ / _____

Today, my favorite things are...

1 _____

2 _____

3 _____

TODAY
I FEEL

FILL THE GRATITUDE JAR
WRITE ABOUT OR DRAW
THINGS YOU ARE GRATEFUL FOR

#1 GOAL FOR
TOMORROW ••>

Date: _____ / _____ / _____

Today, my favorite things are...

1 _____

2 _____

3 _____

TODAY
I FEEL

FILL THE GRATITUDE JAR
WRITE ABOUT OR DRAW
THINGS YOU ARE GRATEFUL FOR

#1 GOAL FOR
TOMORROW ••▶

Date: _____ / _____ / _____

Today, my favorite things are...

1 _____

2 _____

3 _____

TODAY
I FEEL

FILL THE GRATITUDE JAR
WRITE ABOUT OR DRAW
THINGS YOU ARE GRATEFUL FOR

#1 GOAL FOR
TOMORROW ••▸

Date: _____ / _____ / _____

Today, my favorite things are...

1 _____

2 _____

3 _____

TODAY I FEEL

FILL THE GRATITUDE JAR
WRITE ABOUT OR DRAW
THINGS YOU ARE GRATEFUL FOR

#1 GOAL FOR TOMORROW ••>

Date: _____ / _____ / _____

Today, my favorite things are...

1 _____

2 _____

3 _____

TODAY
I FEEL

FILL THE GRATITUDE JAR
WRITE ABOUT OR DRAW
THINGS YOU ARE GRATEFUL FOR

#1 GOAL FOR
TOMORROW ••➤

Date: _____ / _____ / _____

Today, my favorite things are...

1 _____

2 _____

3 _____

**TODAY
I FEEL**

FILL THE GRATITUDE JAR
WRITE ABOUT OR DRAW
THINGS YOU ARE GRATEFUL FOR

#1 GOAL FOR
TOMORROW ••➤

Date: _____ / _____ / _____

Today, my favorite things are...

1 _____

2 _____

3 _____

TODAY
I FEEL

FILL THE GRATITUDE JAR
WRITE ABOUT OR DRAW
THINGS YOU ARE GRATEFUL FOR

#1 GOAL FOR
TOMORROW ••▸

Date: _____ / _____ / _____

Today, my favorite things are...

1 _____

2 _____

3 _____

TODAY I FEEL

FILL THE GRATITUDE JAR
WRITE ABOUT OR DRAW THINGS YOU ARE GRATEFUL FOR

#1 GOAL FOR TOMORROW ••>

Date: _____ / _____ / _____

Today, my favorite things are...

1 _____

2 _____

3 _____

TODAY
I FEEL

FILL THE GRATITUDE JAR
WRITE ABOUT OR DRAW
THINGS YOU ARE GRATEFUL FOR

#1 GOAL FOR
TOMORROW ··➤

Date: _____ / _____ / _____

Today, my favorite things are...

1 _____

2 _____

3 _____

TODAY
I FEEL

FILL THE GRATITUDE JAR
WRITE ABOUT OR DRAW
THINGS YOU ARE GRATEFUL FOR

#1 GOAL FOR
TOMORROW ••>

Date: _____ / _____ / _____

Today, my favorite things are...

1 _____

2 _____

3 _____

TODAY
I FEEL

FILL THE GRATITUDE JAR
WRITE ABOUT OR DRAW
THINGS YOU ARE GRATEFUL FOR

#1 GOAL FOR
TOMORROW ••▶

Date: _____ / _____ / _____

Today, my favorite things are...

1 _____

2 _____

3 _____

**TODAY
I FEEL**

FILL THE GRATITUDE JAR
WRITE ABOUT OR DRAW
THINGS YOU ARE GRATEFUL FOR

#1 GOAL FOR
TOMORROW ···▶

Date: _____ / _____ / _____

Today, my favorite things are...

1 _____

2 _____

3 _____

TODAY
I FEEL

FILL THE GRATITUDE JAR
WRITE ABOUT OR DRAW
THINGS YOU ARE GRATEFUL FOR

#1 GOAL FOR
TOMORROW ••➤

Date: _____ / _____ / _____

Today, my favorite things are...

1 _____

2 _____

3 _____

TODAY
I FEEL

FILL THE GRATITUDE JAR
WRITE ABOUT OR DRAW
THINGS YOU ARE GRATEFUL FOR

#1 GOAL FOR
TOMORROW ···▸

Date: _____ / _____ / _____

Today, my favorite things are...

1 _____

2 _____

3 _____

TODAY
I FEEL

FILL THE GRATITUDE JAR
WRITE ABOUT OR DRAW
THINGS YOU ARE GRATEFUL FOR

#1 GOAL FOR
TOMORROW ••➤

Date: ____ / ____ / ____

Today, my favorite things are...

1 _____

2 _____

3 _____

TODAY
I FEEL

FILL THE GRATITUDE JAR
WRITE ABOUT OR DRAW
THINGS YOU ARE GRATEFUL FOR

#1 GOAL FOR
TOMORROW ••▸

Date: _____ / _____ / _____

Today, my favorite things are...

1 _____

2 _____

3 _____

TODAY
I FEEL

FILL THE GRATITUDE JAR
WRITE ABOUT OR DRAW
THINGS YOU ARE GRATEFUL FOR

#1 GOAL FOR
TOMORROW ••➤

Date: _____ / _____ / _____

Today, my favorite things are...

1 _____

2 _____

3 _____

TODAY I FEEL

FILL THE GRATITUDE JAR
WRITE ABOUT OR DRAW
THINGS YOU ARE GRATEFUL FOR

#1 GOAL FOR TOMORROW ⋯➤

Date: ____ / ____ / ____

Today, my favorite things are...

1 _____

2 _____

3 _____

TODAY
I FEEL

FILL THE GRATITUDE JAR
WRITE ABOUT OR DRAW
THINGS YOU ARE GRATEFUL FOR

#1 GOAL FOR
TOMORROW ••>

Date: _____ / _____ / _____

Today, my favorite things are...

1 _____

2 _____

3 _____

TODAY
I FEEL

FILL THE GRATITUDE JAR
WRITE ABOUT OR DRAW
THINGS YOU ARE GRATEFUL FOR

#1 GOAL FOR
TOMORROW ••▶

Date: ____ / ____ / ____

Today, my favorite things are...

1 _____

2 _____

3 _____

TODAY
I FEEL

FILL THE GRATITUDE JAR
WRITE ABOUT OR DRAW
THINGS YOU ARE GRATEFUL FOR

#1 GOAL FOR
TOMORROW ••>

Date: _____ / _____ / _____

Today, my favorite things are...

1 _____

2 _____

3 _____

TODAY
I FEEL

FILL THE GRATITUDE JAR
WRITE ABOUT OR DRAW
THINGS YOU ARE GRATEFUL FOR

#1 GOAL FOR
TOMORROW ••>

Date: _____ / _____ / _____

Today, my favorite things are...

1 _____

2 _____

3 _____

TODAY
I FEEL

FILL THE GRATITUDE JAR
WRITE ABOUT OR DRAW
THINGS YOU ARE GRATEFUL FOR

#1 GOAL FOR
TOMORROW •••>

Date: _____ / _____ / _____

Today, my favorite things are...

1 _____

2 _____

3 _____

TODAY
I FEEL

FILL THE GRATITUDE JAR
WRITE ABOUT OR DRAW
THINGS YOU ARE GRATEFUL FOR

#1 GOAL FOR
TOMORROW ••▶

Date: _____ / _____ / _____

Today, my favorite things are...

1 _____

2 _____

3 _____

**TODAY
I FEEL**

FILL THE GRATITUDE JAR
WRITE ABOUT OR DRAW
THINGS YOU ARE GRATEFUL FOR

#1 GOAL FOR
TOMORROW ••>

Date: _____ / _____ / _____

Today, my favorite things are...

1 _____

2 _____

3 _____

**TODAY
I FEEL**

FILL THE GRATITUDE JAR
WRITE ABOUT OR DRAW
THINGS YOU ARE GRATEFUL FOR

#1 GOAL FOR
TOMORROW ••➤

Date: _____ / _____ / _____

Today, my favorite things are...

1 _____

2 _____

3 _____

TODAY
I FEEL

FILL THE GRATITUDE JAR
WRITE ABOUT OR DRAW
THINGS YOU ARE GRATEFUL FOR

#1 GOAL FOR
TOMORROW ••>

Made in the USA
Las Vegas, NV
12 February 2025

18059278R00105